무위제국에 들다

천안시인회 사화집
제18집 2012

오늘의문학사

무위제국에 들다

천안시인회

천안시인회

차례

윤여홍

무위제국에 들다

제18집

권복례

천안시인회

차례

이병석

무위제국에 들다

제18집

한정찬

천안시인회

차례

유 희

천안시인회

윤여홍

ㅁ 1944년 서울 출생
ㅁ 1983년 《심상》 신인상으로 등단
ㅁ 시집 『내 늪속에 빠져』 『꽃에게 기도하다』
ㅁ 심상시인회, 충남문협, 서안시 회원.
2003년 충남문학대상
ㅁ 공주사대 졸업. 천안여고에서 퇴직

2012

득음을 풀어 놓고

이 산과 저 산의 경계에서 아, 여기다
발을 담근다 계곡의 물은 수음처럼 숨어 살다
내게 들킨 후 큰 소리로 쾌락을 저지른 듯
울음 반 웃음 반이다 차갑지만 간지러운
거기 어디쯤 명당인지 범종소리 득음을 풀어 놓고
벌새 총총 계곡을 빠져 나간다 이내 가득한
아, 여긴데 어쩌란 말 쓰르람 매미가 운다
이대로 어디다 귀의처를 잡을까 바람이 심란하다
본능적으로 늑대처럼 운다 아무도 듣지 않는
여기 왜 왔을까 해가 꼴딱 넘어간다
한 목숨 거둘 듯 개똥벌레 반짝이며 오는
점잖게 발효라 이르는 산의 호흡이 나를 적시고 있다
시고 떫은 한 참 단내 나는 적막이 가득하다

욕설의 미학

'개새끼' 라고 욕할 때
강아지 같은 놈이라 하면
욕먹어도 얼마나 속이 편할까
강아지는 착한 개다
저 착한 강아지 어미젖을 빠는데
코로 들이대며 뒷발로 땅을 찬다
식욕은 욕이 아니다 깨달음도 아니다
어미 개 된장 푼 밥그릇을 핥다가
왈 왈 曰 曰 '이런 된장' 하며 젖을 물리는
밥 배 욕 배 따로 있나 속이 더부룩하다
물끄러미 나는 강아지만도 못한 놈이다

육쪽 마늘

언제 알았는지 땅 내를 맡았는지
젖니처럼 간지럽게 뿌리에 싹이 텄다
알통 같은 서산 육쪽 마늘이
여섯 조각으로 분가를 준비한다
성자 같은 마늘이 암장되는
가을 서리 땅 내가 서늘하고 맵다
일생이 순환이로구나 마늘이여
육쪽이 다시 육쪽이 되는 현생인연이라면
내 생각이다 고려장하듯 겨우내
먹을 양식 버무려 고이 모시리라
춥지 않게 무청 깔고 검은 비닐 덮는다
하관의식처럼 경건하다
일생이 또 순환인 것을
흙 내 묻은 손끝이 아리다
한 호흡 내 마음의 순장을 위해 기도한다
명품은 이렇게 거듭 나느니
서산에 지는 해가 아침노을처럼 번지고 있다

시래기

시래기가 쓰레기만도 못하게 말랐다
삼베 올로 꽁꽁 묶어 놓은 미라 같다
아무리 불려도 오도독 소리가 난다
모든 생명은 습기에서 온다는데
녹슨 빛이다 된장에 한참 재워
기름에 볶아도 못 쪼가리처럼 까칠하다
버릴 데가 없구나 노구처럼 말씀하신다
반어법인지 소름이 돋는 말씀 경책으로 들린다
생의 전말이 나는 점점 말라가는데
잘 마른 육질의 구수한 시래기가 되고 싶은데

중고차

91년식 세피아 아직도 나의 수족이 되고 있다
때 빼고 광내던 아슬한 기억이 녹슬었다
함께 녹슬어 가는 나이다 차적을 헤아리니
스무 살 주행거리 13만 나를 닮았다
녹슨 와이퍼 흐리고 먼 시야를 물끄러미 쳐다본다
중고차 딱지가 밤새면 어김없이 붙어있다
저승손님이 왔다 갔나 자꾸 뒤를 돌아본다
나를 데려갈 데도 없지만 중고차와 한 몸이지만
멀리가지 않기로 작정했다
참 더디게 오래 살았다

바퀴벌레

불을 켰더니 캄캄한 속에서도 분주했구나
사방에서 사방으로 흩어지는데
한 놈을 포획했으나 모함처럼
배가 불룩하다 난파 중인지 포획이라는 말이
잔인하다 무슨 백서 같다
한 세기 넘은 집안의 검증처럼 수술대에 눕힌
한 세기 물량의 쓰레기 썩은 내가 난다
무한증식의 번뇌가 그의 양식이다
사라진 어둠의 자식들 최첨단 바퀴로
저 무슨 전열인가 눈 깜짝할 사이 없다
난반사의 형광음이 낮게 고개를 들이대는데
어둠 속 숨은 흔적들이 무슨 기미를 알아차리듯
휴거처럼 들어 올렸는지 포기처럼 마음이 가라앉는다
내가 깨끗해진 이유를 알겠다
어둠을 켜들고 빛의 적막 속으로 어둡게
나도 사라지고 싶다 내 몸이 내 몸을 거둔 집
대리석 문양 속 금이 간 사이로 화석처럼
내가 비친다 쓰레기봉투 속 투명한 나의 수치
그리고 욕망이라는 잔해 내가 바퀴다
불을 껐다 빛의 적막이 신기루 같다 무슨 예후가 꿈틀거린다

바퀴나 나나 따로 없다 새벽 2시가 적멸보궁이다
여기가 거기 아니겠는가 내 몸이 사방에서
사방으로 흩어지고 없다

무위제국에 들다

원근이면서 원근이 아닌 그림 속
그림은 그림자다 꿈 속의 그림자다
도막도막 조각난 꿈 꿈 깨도 꿈인데
켜켜이 쌓인 내 꿈의 그림자가
밤, 저 무명의 사다리를 쳐다보고 있다
채플린의 좁은 어깨 멜빵이 흘러내리고
긁힌 필름처럼 엔드 마크가 순간 지나간다
시간은 일직선이 아니라 휘어진다는데
일정시대 서대문 유치원 화장실에서 나와
금학동 대학도서관 서고를 나는 지나간다
기시감의 사내가 계속 리와인드 되고 있다
맹목으로 한 다발 무엇인가 소통을 시작한다
꿈이지만 실체가 없는 그림자는 있다고 생각한다
나는 나의 영원한 타자다
나는 나의 꿈 그림자 속으로 들어간다
그림자 속에 든 나는 넘어지지도 않고 에너지도
욕망도 꿈도 두고 왔다
그림자를 줍고 그림자는 결이 곱고 안성마춤이다
한 채 그림자 집을 짓고 있다
높이도 높게 들어 올리지 않고 평수도 내 그림자의

넓이로 족한 내 그림자 집
천정이고 창문이고 따로 드나들 문지방도 없는
경계가 없으니 해탈한 내 그림자는
행복이라든지 사랑이라는 글자를 모른다
소리 없는 밤의 모든 그림자에게 걸식한다
한 섬 별 부스러기는 공짜로 먹는다
내 그림자의 시간이 휘어지면서
특이점으로 사라지고 있다
좀약 내 나는 바깥세상
메주 갈라진 틈 속 푸른곰팡이처럼
나는 누구를 위한 발효인지 확연 나는 꿈의
그림자 속에서 안거 중이다 그림자나라
무위제국을 만들고 있다

최근이 참 멀다

그의 망일을 잊었다 亡日이 忘日이 되었다
무슨 분주한 게 없는데 밤마다
그냥 모년 모일이라 적고 묵념을 했다
아직은 때가 아닌 천기누설
가슴에 묻은 줄도 모르는 어머니
어머니 망일도 모르고 망인 생일 근처
음력을 더듬고 있다 울컥 눈물이 났다
개똥밭에 굴러도 이승이 좋은가 개똥참외처럼
야속한 눈물이다 달달한 눈물이다 숙성된 슬픔의 진액이다
모든 것을 잃고 모든 것을 얻은 어머니
초하루 보름 절에 가신다
망인의 생일처럼 老死가 無明이라고
법문을 전하신다
살아서 열반한 어머니 같다
3차원 공간에서 시간 차원이 끼어든
꿈속에서 그가 보인다 다시 태어났나 보다
최근이 참 멀다 멀리 가서 웃고 있다

어떤 부음

홍천계곡 리조트 베란다에서
담배를 물고 있다 아침은 아침인데
구름 속 해 그늘이 저녁 놀 같았다
순간 스치는 의미심장이다
홍성 친구의 미확인 전언이 상괘처럼
충격이다 투항을 모르던 그가 마침내
투항을 했다 소란스럽게 와서
소란스럽게 갔다 매미소리 뚝 그치고
적막에 들었다 도록圖錄에서 본
소리 없는 파안대소가 그의 고행을
설한 것이 아니겠는가 일갈도 착각이다
적멸보궁이 다로 있는가
영세불망도 무화의 삶도 여러 가지다
내 죽은 뒤라도 그리 다르겠는가
홍천계곡 아침놀의 장엄을
담뱃불을 긋지 못하고 오래 쳐다보고 있다

단일화

지지직 지지직 도화선이 타들어 간다
멀찍이 도화선의 목적지는 일직선이 아니다
자연은 일직선이 아니다 나노의 빛도
파장이거나 알갱이다 일직선이 아니다
일직선에는 변곡점이 없는 것
아름다운 일직선이 있는가 내 시선이
저 도화선을 닮았다 미추美醜가 한 몸인데
저게 일직선으로 폭발하면 만개하듯
폭죽처럼 아름다운 꽃이 될까
반전과 반전이 거듭되는 TV 평화
신의 법칙에 생명처럼 상호의존은 없는가
지지직 지지직 일직선이 도화선을 타고 휘어진다
긁힌 필름의 엔딩마크가 얼룩지며 타들어간다
이종결합은 불임이야 지지직 지지직 끝내
불발이 되고 TV를 껐다
세상은 폭설 중이다 폭설 중에는 적이 없다
피아간 잠복 중이다 눈사람만 걸어 다닌다
자정 어디쯤 이 근방 어디까지 왔는가
밤의 허공에 고압선 지나가는 소리가 들린다
자리끼 한 모금 아스피린 한 알을 털어 넣는다

머릿속 나노의 시냅스 벗겨진 피복이
꿈을 잇고 있다 아름다운 꿈을 꿈꾸고 있다

다시 청산도 가자

-암투병하는 친구에게

필연 4전5기 일 터 친구야 너를 믿는다
마늘종 꽃대궁 허공을 쓸고 황토밭 보리물결 넘실대는
쉬엄쉬엄 서편제 가락 묻어나는 길
너와의 동행 靑山島 靑山道 슬로로드를
개미가 언덕을 오르면서 수평만 생각하듯이
찰나를 영원처럼 붙들고 함께 걸었지
너는 몸으로 말하고 나는 마음으로 받아 들였어
비밀은 비밀에게만 말 한다던가
그렇게 너와 나는 틈새가 없었지만
목숨은 차라리 뇌관이야 나는 지뢰밭이야
단발의 표적이 된 양 단호했던 너의 미소
너의 본색을 보고 나는 몽색을 끊지 못했지
네가 숨 고르고 목숨에 불을 지피는 동안
오늘밤 너의 지뢰밭이 내게 와서
작렬하는 참회, 너보다 내가 더 암적인 존재야
2박3일 너와 나의 동행 내 누이같이 참회하노니
너와 나의 비밀결사 다시 청산도 가자
묵언행선이야 물처럼 길을 내지 말고 가서
다시 靑山島 靑山道 슬로로드 그 길 걷자 친구야
필연 4전5기 일 터 친구야 너를 믿는다

비 속을 관음하다

고양이가 졸다 말다
비 속을 쳐다보고 있다
청음의 악보처럼 등허리가 활처럼 굽다가
뒷다리로 기지개를 켠다
비의 관절은 국수다발처럼
촘촘하게 비어있다 유연한 활강
고양이의 콧등이 촉촉하다
멸치국물이 설설 끓고 있다
고양이가 앞발을 척
무르팍에 걸친다 뽀뽀하듯
고양이 콧김 속에 만리장서를 읽는다
그르륵 그르륵 나를 애무하는
묘가행에 무슨 안마법인지
다시 정신은 새롭게 깨어나는데
행복은 밀서와 같구나
고양이와 나는 비속을 관음하면서
행복을 탄주하고 있다

6자 진언

좁은 골목 천막을 잇댄 좌판 좌대
5일장을 독파했다 6전 소설의 구수한
순대국밥을 말아먹고 5일장 거리장터에 밀려난
미장원 옆 낡은 수퍼에 들렀다 담배를 사고
거스름돈을 받는데 로또가 보인다 그럼 여기가 명당
숫자 6개를 골라봐, 멈칫하는데 아, 돈오돈수
그 스님 법문 중에 잊혀지지 않는 진언이 생각났다
인두겁 쓰고 이 세상 나온 게
로또 당첨이여 6자 진언이여
몸 받은 축복 잊지 말아야제 깨달음도 별거겠는가
십리사탕 혀로 녹이며 미친 사내처럼
5일장을 다시 누볐다 고등어 한 손 비닐 끈으로 매달고
하루 행장을 점고하는 이 풍진 세상 잘 놀다왔다

비름나물

마늘종은 뽑지도 못하고
가뭄 탓하며 포기한 마늘밭
마늘은 없고 온통 골파 씨앗뿐이다
이 무슨 연기緣起인가
마늘은 없고 비름밭이다
개살구처럼 개비름이라고 명명하고
봉분처럼 개비름을 두엄 치듯 살 처분 했다
가름치곤 상질이라고 생각하며
배추 무 겨울채비를 하는데 어느새
금초하듯 솎아낸 어머니의 손맛
비름 순을 꺾어 나물을 무쳤는데
고소한 참기름 맛이다 고추장 맛이 달다
개비름이 참비름 되었다
나는 하나님처럼 모든 것을 연역해 버렸다
포만한 배, 배로 숨쉬며
오늘밤 나는 배속의 참비름으로
화두에 들고 있다 용맹정진 중이다

천안시인회

권 복 례

□ 대전에서 출생
□ 충남고등학교, 공주교육대학교 졸업
□ 《해동문학》으로 등단
□ 천안시인회, 천안수필문학회, 천안문협 회원
□ 시집 『하나님의 해답』(99,오늘의문학사)
□ 현 : 천안용암초등학교 교사
□ http://member.kll.co.kr/kbr51

2012

우리 학교 운동장

우리 학교 운동장은
홀로 비어있는 날이 없습니다
이른 아침부터
늦은 저녁시간까지
아이들의 함성으로 가득합니다

아이들이 공차는 소리
줄넘기 하는 소리
놀이터에서 친구들과 어깨를 부비며
땀방울 송골송골 맺혀가며
오르락내리락하며
깔깔대는 목소리
세상에서 제일 듣기 좋은 소리지요

수수꽃다리와 나

아침저녁으로 드나드는 아파트 현관 옆으로
아주 작고 보잘 것 없는
수수꽃다리 한그루가 있습니다.
잎이 무성한 것도
꽃이 무성한 것도 아닌
아주 보잘 것 없는 나무입니다
4월이 오면
보잘 것 없는 수수꽃다리는
잎보다도 더 보잘 것 없는 꽃을 피웁니다
향내도
적어
가까이 다가가 자세히 들여다보아야 알 수 있는
그런 나무입니다
그렇습니다
수수꽃다리를 바라보며
나도 보잘 것 없는 사람이라고 생각 해 봅니다
누구를 위하여 큰 소리로 울어 본 일이
언제인지 가물가물 하고
신문마다 방송마다 기부천사를 이야기하는데
누구를 위해서 내가 가지고 있는 것을 꺼내어

기부를 한 것도
언제인지 기억이 나지 않는
보잘 것 없는 나에게도
들꽃 같은 향기가 남아 있다고 말하고 싶은
4월입니다
나보다는 덜 보잘 것 없는 수수꽃다리 꽃
앞에서

교실 속 명장면 1

아이 엠 그라운드 변형으로
우리는 잘해요 ○○ 이름 대기
공부시간 틈틈이 해본다
사월,
1학년에 입학을 하고서
한 달이 조금 지났으니 친구이름을 얼마나
알고 있는지 궁금해서
우리는 잘해요. 친구이름 대기를 해 보았다
1분단 친구들이 다 하고
2분단 첫 번째 욱이가 할 차례다
공부시간에 장난만 하더니 이 녀석
우물우물하겠지 했는데

-천안용암초등학교
교사 권복례
내 명찰을 가만히 쳐다보더니
-우리는 잘해요 친구이름 대기
-권복례

교실은 한동안 웃음바다가 되었다

욱이가 준
선물이다
웃음꽃

권복례_43

교실 속 명장면 2

쓰기시간이다
-자기 생각을 자세히 쓰는 방법을 알아봅시다.

이다음에 어른이 되어서 하고 싶은 일을
자세히 쓰는 시간이다
교과서 삽화에는
피아니스트가 된 남자어른이 피아노를 연주하고 있고
그 옆에는
피아니스트가 된 후에 어떤 음악가가 되겠다는
장래희망을 간단하고 명료하게 적어 놓았다

비올라 연주가 용재가 생각이 났다
-얘들아 비올라 연주하는 용재아저씨 아니?
이름이 갑자기 생각이 안나 네
-네, 선생님 알아요. 신용재요
하하하…….

비올라 용재를 검색하니
아름다운 청년 리처드 용재 오닐이 화면 가득하다
용재 오닐을 소개하고

그의 힘들고 어려웠던 어린 시절을 소개해 주고
지금의 용재오닐을 소개 해주었다
여덟 살 어린 꼬마 제자들도
아, 하며 감동한다

시월 어느 날의 우리 반 교실 속 명장면이다

* 리처드 용재 오닐 : 비올리스트
* 신용재 : 포맨 멤버인 한국 가수

열두 곡 미수가루의 풍요

링거를 맞고 집에 돌아와
죽 몇 수저를 먹고
소파에 앉아 있다가 잠이 들었는지
-여보 약은 먹고 자야지-
꿈결처럼 들리는 목소리
그 보다도
월화드라마가 오늘 마지막 날인데
어쩌지 못 보는 건가
얼마를 자다가 일어나니
텔레비전은 혼자서 잉잉거리고
시계는 새벽 세시를 가리키고 있다

언제나처럼
미수가루 한잔과
인절미 서너 개 사과반쪽을 앞에 두고
-남자 주인공은 어떻게 되었어
-죽었어
-왜
-모든 것 잃고 죽었어
-가진 자를 부를 누리는 자를 누가 이기겠어요

열 두곡 미수가루 속으로 눈물 한 방울이 섞인다
내가 가진 작은 풍요가
오늘 아침 감사할 뿐

길

길은 언제나 열려있지만
곧게 가다가도 어느 곳에 이르러서는
여러 갈래로 나뉘어져
어느 길로 가야 할지 망설이게 된다
이제
나이 들어 등 굽은 이의 어깨만큼이나
휘어져 있는 저 길을
아무런 부담 없이 걸어갔던 날들이
내게도 있었다
그리고 그 길이 언제나
나를 향하여 있어 줄 것이라고 기대하며
여기까지 왔다
중학교 2학년,
짓기 공책을 보시고
국어 선생님이 그 토록 칭찬해 주시던
시 제목이 길이었다
남의 눈에 잘 띄지 않던 내가 크게 부각 되던 그날,
그 길을,
내 뒤에 오는 이들에게
내 주어야 할 것 같은
날들이다

섬진강

산수유가 강물 속에 잠겨
물비늘이 더 반짝 거린다
그 옆에서
자꾸만 소리 내어 우는 아이를
무비 카메라에 담고 있는 젊은 아버지의
움직임을 한참을 바라보았다
섬진강 물살처럼
여유롭게 자식을 길들이는
그날의 젊은 아버지의 기억이
산수유 아기자기한 모습처럼
내 마음에 남아있다
그 날의
아이는 자라고
아버지는 늙어 가겠지만
섬진강 물살처럼
산수유 꽃처럼
그렇게 잔잔하게 늙어 가는 모습
내 모습에서 찾고 싶은 봄,
봄

부추꽃

늦은 밤에 김치를 담느라
마음만 분주하다
배추를 소금에 절여 놓고
부추를 씻으려고
붉은색 끈을 풀었다
부추도
몇날 며칠을 단단한 끈에 묶여 있느라 고단했던지
사르르 펼쳐진다
부추를 다듬느라 뒤적거리는
내손에
부추 꽃 한송이가 내 눈을
황홀하게 한다
부추처럼 연약한 나를 생각해 본다
어디 가서 큰 목소리로 말을 한 날이
언제인지 기억이 나지 않는다
월요일 마다 있는
직원 협의 시간에도 말 한마디 하지 않아
내 목소리를 듣지 못한 선생님들이 수북하다
그래도 나는
부추 꽃 하나를

유리컵에 담으며 웃어본다
고단한 내 몸이 침대에 눕는 시간을
계산하면서

가을비

높아지기만 하는 하늘
가까이 오기만 하던 산이
구름에 가리어져
나에게서 멀어져 간다

하늘이 나에게로 가까이 온다
후드득
쏟아지는 비에
들깨 꽃이
후드득 쏟아진다.
아직 여물지 못한 나의 한조각의 꿈도
가을비를 맞고 있다

작은 것이 모여

비오고 바람 부는 날
코트위에 걸친 아주 작고 보잘 것 없는
머플러가 온 몸을
따숩게 덮어준다
내 몸에 걸친 옷가지 중에서
얼마나 작은가
머플러가

엘리베이터 앞까지 나를 배웅해 주던 가족
방금 타고 온 버스 기사 아저씨
나를 기다려 주고 있을 친구들
작은 온기들이 모여서
세상은 따뜻해지는 것이니

그렇구나

안방 남쪽으로 난 네 쪽 문은
침대에 가려져 있다
청소를 할 때마다 침대에게 눈을 흘기고
청소기도
걸레도 그 쪽은 피해 다니기만 했다

오늘, 여름 장마가 그친 후
문이라는 문을 다 열었다
걸레질을 하다가 내 손을 가로 막는 침대에게
눈을 흘기다가
침대를 슬쩍 밀어 보았다
그러고 보니
남쪽으로 난 문들도 닦을 수 있고
방바닥에 쌓인 먼지도 내 손으로 쓱쓱 닦아준다

나는 왜 몰랐을까
이 세상의 이치를
싫다고 피해 가는 것이 세상사가 아니라
한 발 가까이 다가가야만 한다는 것을
무거운 침대도 슬쩍 밀으니

움직이는데
사람의 마음이야
얼마나 잘 움직일 수 있을까

가을, 물안개

물안개가 호수위로 피어오르자
저녁이 오고 있다
산 아래 작은 마을에서는
저녁연기가 피어오르고
호수는 한 점 수묵화가 되어
멀리
가까이에
있는 나무들과
하나가 되는 시간이다
수묵화
그 길을
나도 걸으며 가을과 하나가 된다

천안시인회

이병석

□ 1955년 당진 신평 출생
□ 1992년 4월 『문예사조』 신인상으로 등단
□ 시집 『끈에 관한 명상』 『이순역 앞에서』
□ 충남문협, 서안시 회원
□ 2001년 충남문학 작품상 수상
제11회 정훈문학상 작품상 수상
□ cord21@hanmail.net

명품

이천 십일 년 십이월 삼일 禮山
洗心泉 호텔 충남시협정기총회 가는 길
박 모 시인이 말했다. 길거리에서
만원 주고 산 졸바지가 수십 만원짜리 명품 대접받았다고
멋있다고 훌륭하다고 하나같이 칭찬하더라고
다들 그렇게 믿는다고 짝퉁 명품 차이 별거 아니라고
그랬다. 돈 있는 누가 입으면 짝퉁도 명품이고
돈 없는 누가 입으면 명품도 짝퉁 되는 거
사는 푼수가 그러니 어쩌냐고
가치는 가치에서 나오는 게 아니고 희멀건 허우대
거기에서 나오는 거라고 쥐뿔 내숭떨지 말라고
洗心泉 허름한 화장실 지린내 앞에서 누가 말했다.
때 빼고 광낸들 돈 없으면 말짱 헛거라고
그래도 신토불이는 신토불이여야 한다고.

여행

- 여행은 일상의 고삐를 쥐고 대자연을 향하여 또박또박 걷는 거다.

공자님은 학문도야의 여행으로 평생을 마치셨다
부처님은 깨달음에 이르기까지 고행의 구도여행을 하셨다
예수님은 십자가에 달리기까지 복음선포의 여정을 사셨다

- 여행은 인격도야의 길 수행의 길 순례의 길 세상 마칠 때까지 끝나지 않는 길 머물 수 없는 길이다.

아파트에서 나와 墓苑으로 출근하는
나는 지금 무슨 여행을 하고 있는 걸까?

보지 말아야 할 것을 보았다

보지 말아야 할 것을 보았다.

호질 표리부동 안벽치고 뒷벽치기 닭 잡아먹고 오리발 내밀기 아흔 아홉 섬 가진 놈이 한 섬 가진 것 뺏기 수천 억 꿀꺽 하고도 주머니에 돈 몇 십만원 밖에 없다는 전직 대통령 그런 것 보다도

백주 대낮에 역전 광장에서
소주 한 병 빵 한 개 놓고 노숙자끼리 피투성이가 되어 싸우는

보지 말아야 할 것을 보았다.

내게, 德談

설날 아침, 눈雪과 눈이 마주쳤다.
온통 하얀 세상 그 순백의 하루하루가
검은 내 눈동자 속으로 들어와
흑진주로 활짝 빛나는 한해가 되기를!

솔직히

퇴역 소령이 말했다. 솔직히 내가 말은 안하지만 육참총장 ㅇ아무개 나 현역시절 내게 함부로 말도 못 붙였었어. 개 참 많이 컸지. 나 파견대장 때 겨우 전방 소초 말단 소대장이었거든.

전직 과장이 말했다. 솔직히 내가 말은 안하지만 ㅇㅇ그룹 회장 그놈 참 많이 컸데. 신입사원 때 내 단골 커피 심부름꾼이었거든. 방석집에서 기생 끼고 놀 때 내 신발 챙겨주던 놈이었어.

여든 둘의 참전용사가 말했다. 솔직히 제일 편한 잠자리는 공동묘지야. 몇날 며칠 뜬눈으로 밤새우던 1.4후퇴 때 지칠대로 지쳐 찾아든 공동묘지, 이 보다 더 편한 잠자리는 없었어.

- 참전용사가 그립다. 솔직히

生死

墓苑日記 · 서른 여섯

한분이 달이 차서 묘원에 입주하셨다.

그 날 그 자리,

한 여인이 달이 차서 아이를 낳았다.

生과 死, 사이좋게 마주앉아 있다.

孤獨을 씹다보니

孤獨을 씹다보니 너무 많아
조금 남겨두었다.

겉보리 서말
잔소리 닷말
탓이 넉섬

살모사 머리 치켜들었다.

물구나무를 선다

오늘도 물구나무를 선다.
끈을 놓치지 않기 위하여
뿌리 뽑히지 않기 위하여
하늘의 말씀으로 목숨을 부지하고 있는
나는 물구나무서서 세상을 본다.

엎드려 있으면 세상이 잘 보인다.
흘러가는 것 머무는 것 비켜갈 것
찬찬히 살펴보면 구석에 눙쳐둔
내 허물도 허물을 벗는다.
그렇게 물구나무를 선다.

비도 세상을 향해 물구나무를 선다.
눈도 세상을 향해 물구나무를 선다.
물구나무서서 바라보는 세상은
모태에서 웅크리고 바라본 미지
오늘도 하늘에 뿌리 두고 물구나무를 선다.

풀잎이

개울에서 풀잎이 물 한 모금 베어 물고 전율한다.
몸 구석구석 공굴린다. 몇 번이고 자맥질하는 풀잎,
물 한 모금 더 머금고 좌선한다.
석 달 열흘 몸으로 거르고 또 거르고
물의 고향 산을 향하여 큰절 올리고
자갈 틈서리, 바윗돌 돌아 강으로 나선다.
강 깊이 머물며 온전히 몸을 헹구어내고
가벼운 발걸음으로 바다로 향한다.
개울이 고향인 풀잎,
바다 복판에서 조용히 눈을 감는다.

해와 달과 별, 그리고 나

살펴보시는 하늘의 눈
더없이 밝고 뜨겁다.

눈여겨보시는 하늘의 눈
더없이 부드럽고 따스하다.

지켜보시는 하늘의 눈
한량없이 포근하다.

들여다보시는 하늘의 눈, 내 몸 아궁이에 짚불을 지피신다.

기다림

아비의 기다림은,

잘 태어나 주기를 ♡ 잘 자라 주기를 ♡ 학교 잘 다녀 주기를 ♡ 군복무 잘 마치기를 ♡ 취업 잘 하기를 ♡ 좋은 짝 만나기를 ♡ 잘 살아 주기를 ♡ 죽을 때까지 잘 살아 주기를 ♡ 가족 모두 내내 건강하기를!

(기다림은 끝이 없는 인내)

말로써 말 많으니

말이 말을 지배하는 말 주식회사 생산직 근로자로 취업한 지도 어언 육십 여년, 정년이 코앞인데 아직도 제대로 된 말귀 하나 못 건지고 그저 다람쥐 쳇바퀴 돌 듯 눈뜨면 출근하고 날 저물면 퇴근하는 일상이 반복되고 있는바, 공장문 나서기 전 온전한 말 한마디 건사해 나가려면 특단의 조치가 시급한 지경에 이르렀다. 하여, 말 전문법, 특별법, 시행령, 각종 규칙 등 관련 법 조문을 일일이 살피고 여기저기 발품을 팔던 중 엉뚱하게도 그 해답을 말 증권사가 밀집되어 있는 여의도 복판에서 찾게 되었다. 할 말 안 할말 가리지 않고 뱉은 말 책임지지 않으며 막말, 말장난, 말 바꾸기는 다반사요 걸핏하면 무릎맞춤이 일상이 된 말 저잣거리에서 참말 실종사건 해결의 실마리가 보일 듯 했다. 정품보다 짝퉁이 시장을 점유하고 질보다 양이요 절차보다 무조건 생산이 관행이 된 말 시장에서, 말 쓰레기로 중병을 앓고 있는 말 저잣거리에서 살아남을 수 있는 유일한 방법, 똑바로 된 말귀 하나 건지는 방법,

대저, 말로써 말 많으니 유구신언有口愼言 일언중천금一言重千金 하라!

내 오줌엔 도수가 있다

건장마 지고 이상 고온으로 잔디마저 배배꼬였다.
저 질긴 목숨마저 목이 타 온몸을 비트는데 하늘은 그저 뜨겁다.
불덩이가 된 대지에서 외마디 신음들이 터져 나온다.
땅속 깊숙이 숨 고르고 있던 지렁이마저 길 밖으로 나왔다.
목이 타서 어쩔 줄 모른다. 땡볕에 알몸 드러내놓고 버둥거
리는 지렁이,
안되겠다, 내 오줌이라도 받아 마셔라. 엊저녁 모임에서 마셔둔
막걸리 기운이 아직 남아 있느니 어서 목축이고 너의 본성을 찾아라.
밟으면 꿈틀하는 네 고유의 무기를 힘껏 쳐들어라!
내 오줌엔 가늠할 수 없는 도수의 에너지가 살아있느니
짓밟고 핍박하는 너의 모든 적들에게 당당히 맞서라!
너의 꿈틀거림이 용트림이 되게 하라, 그리하여
참을 수 없는 존재의 사막에 단비를 내리게 하라.
하나 밖에 없는 재주로도 세상을 너끈히 살아가는 굼벵이여,
너도 내 오줌을 마셔라, 맘껏 취하여 대지를 굴러라!
가진 자 틀어쥔 자 저 밖에 모르는 알량한 권력에 중독된 자들을
네 천부적인 해학으로 마음껏 조롱하라, 그리하여
온몸이 타들어가도 그저 뜨겁던 하늘이 노기를 풀고
아침이슬에 영롱히 빛나는 온유의 태양이게 하라!

천안시인회

한 정 찬

13권의 시집, 2권의 시전집을 발간했으며,
한국문인협회원 천안지부장 역임.
현재 한국문인협회원, 국제펜한국본부회원,
한국공무원문학협회 부회장, 월간소방문학 발행인
등으로 활동하고 있고, 근정포장, 옥로문학상,
농촌문학상 등을 받았다.
현재 경상북도 소방학교 교학과장으로 일하고 있다.
hcc321@korea.kr http://sobang.kll.co.k

강남스타일이

강남스타일이 강남을 넘어 가요계를 뒤흔들 때
강남스타일이 지명스타일로 도시와 농촌이 되고
강남스타일이 사람스타일로 남자와 여자가 되고
강남스타일이 직업스타일로 열심과 여가로 되고
강남스타일이 재산스타일로 가짐과 나눔이 되고
강남스타일이 충효스타일로 충성과 효행이 되고
강남스타일이 장유스타일로 노인과 젊은이가 되고
강남스타일이 도덕스타일로 양심과 질서가 되고
강남스타일이 강남스타일로 거기 머물지 않고 전파되어
강남스타일이 세계 각지 대한민국 위상제고에 큰 한몫하고 있다.

강남스타일이 탄생함은 IT한국 토대 있어 가능하다.
강남스타일이 전파됨은 트윗트, SNS, Facebook 수단이 있어 가능하다.
강남스타일이 건재함은 우리 모두 공감하는 긍정 힘이 있어 가능하다.

* 강남스타일 프래시몹.(Flashmob Gangnam Style in the World), 2012. 8월 중순 "갱남이 무슨 뜻입니까"…APEC 각국 인사 `강남스타일` 질문 쏟아지고, 미국 '아이튠스 음원 차트(Songs Chart)' , 네바다주 라스베이거스에서 `아이하트라디오 뮤직` 등 여러 곳에 좋은 순위에 오름

낙과를 줍다

지난겨울부터 지금까지 칠순 농부 부부의 영혼의 일부처럼 정성으로 여태까지 피땀 흘려 가꿔 온 것들, 이 소중한 과일들, 이 아까운 새끼들 저 무심한 태풍에 인정사정없이 마구 흔들어 떨어졌구나! 손을 쓸 겨를도 없이. 어쩔거나? 어쩔거나? 희망이 폭삭 주저앉은 과수원엔 절망이 포진하고 칠순 농부의 가슴에 응어리진 메마른 눈물이 어느새 소리 없는 원망으로 남아있다. 무수한 낙과를 줍는 손끝에서 느낄 수 없이 혼돈스런 아픔의 전율이 일고 있다. 마음 못 잡아 멍하게 가슴앓이 하는 농부의 힘없는 참담한 모습 바라보면 내 가슴이 무너지도록 마음이 아프다. 눈물이 말라버려 한숨만 몰아쉬다가 몸살 앓이 한 과일나무 가지 끝에 남아있는 상한 과일의 상처도 어루만져 본다.

* 2012년 8월 하순과 9월 중순 한반도를 강타한 태풍14호 데빈, 15호 볼라벤, 16호 산바로 인한 낙과로 절만에 처해진 농부들의 과수원을 찾아 일손 돕기를 하며

예산에 다시 왔다

예산을 떠난 열 서너 해만에 아산시 천안시 서울 종로구 안동시 천안으로 한 바퀴 빙 둘러 반가운 예산에 다시 왔다. 아, 여는 내 가슴 안으로 예당저수지 푸른 물결이 일렁인다. 아, 유서 깊은 땅 곳곳마다 충효가 어리고 역사의 숨결이 인다. 예산 사람들의 그 후한 인심의 도란거림이 예당평야처럼 넓다. 늘 바람에 흔들리는 무한천 둔치에 서서 바람맞이하다 보면 용봉산을 떠날 줄 모르고 머무는 햇빛이 참 정갈하다. 예당저수지 맑은 물에 얼굴 헹구는 햇빛이 참 곱다. 예당평야에 골고루 퍼져 늘리는 햇살이 참 아름답다. 충효의 고장, 우애의 고장. 사과의 고장 예산이다. 열 서너 해만에 아산소방서, 천안소방서, 중앙소방학교, 소방방재청, 경북소방학교에서 중앙소방학교로 한 바퀴 빙 돌고 돌아서 반가운 예산에 다시 왔다.

쓰라린 가슴안고

2012년 파월 하순 두 개의 험난한 태풍이 몰아닥쳐 모래시계처럼 인정사정없이 온 세상을 인심과 시공을 소름끼치게 융합으로 돌려버린 태풍 15호 볼라벤, 태풍 14호 덴빈이 일 저질러 놓고 느닷없이 줄 도망쳤다. 우리 한반도 전역과 부속도서를 남에서 북으로 노도처럼 강타해 갈 때 손 쓸 겨를도 없이 무자비하게 폭격 당하듯 피해 흔적만 남은 그 직후로 눈으로 목격한 부수고, 잠기고, 넘어지고, 구부러지고, 떨어진 그 처참한 모습들이 전장 후 잔해처럼 어지러워진 그 흉물의 모습 고스란히 드러내고 있는데 언제 그러했는지 태연하게 오늘의 날씨 맑음 일기는 코뚜레 송아지처럼 순했다. 팔십 평생을 사는 동안 이런 일은 처음이라는 한 노인의 말에 쓰라린 가슴안고 아무런 소용이 없는 원망이 망종 거리는 그 안으로 한숨으로 대롱이고 있다.

샹그릴라

내 마음의 해와 달로 그대 향한 그리움 안고 살아요
내 마음의 희망과 꿈으로 그대 향한 그리움 안고 살아요.
내 마음의 지혜와 용기로 그대 향한 그리움 안고 살아요.

내 마음의 해와 달로 그대 함께한 행복 간직하고 살아요.
내 마음의 희망과 꿈으로 그대 함께한 행복 노래하고 살아요.
내 마음의 지혜와 용기로 그대 함께한 행복 공유하고 살아요.

* 샹그릴라(Shangri-la) 신비롭고 아름다운 산골짜기 또는 그런 장소를 비유적으로 가리켜 이르는 말.

연처럼, 장미처럼

연(漣) 줄기에 예리한 가시가 촘촘 돋아 나 있다는 건 지극히 당연한 일로 정말로 참 기가 막히게 아름다운 일입니다. 장미 줄기에 굵직한 가시가 빼곡하게 돋아 나 있다는 건 지극히 당연한 일로 정말로 참 기가 막히게 아름다운 일입니다. 연이 연의 가시를 달고 연의 삶을 살고 지고 제 스스로를 다스려 가듯 장미가 장미 가시를 달고 장미의 삶을 살고 지고 제 스스로를 다스려 가듯 그대 내게 하는 말 중에 때론 서운하고 아쉬운 감정 심중에 남아 있어도 나 또한 마음의 가시를 달고 연처럼, 장미처럼 한 세상 살고 싶어집니다. 나 그대 말씀 무한한 감사로 연처럼, 장미처럼 아름답게 한 세상 살고 싶어집니다.

원점의 근원에서

가끔은 의미부여한 어려운 일들이 그댈 막거나 잡아당길 때 있어도 그대 모든 걸 원점에서 출발하라. 그대 모든 걸 원점의 근원에서 출발하라. 이 세상사는 일 처음에는 작은 일에서 시작하여 큰 일로 판을 키우는 일이러니 그대 삶에 일들이 얽히고 옹이진 일들이 상체기로 매듭 되는 일 있어도 순풍이 태풍이 되는 일은 언제나 있어 온 일이라는 걸 삶의 고뇌에서 느껴보라. 이 세상 살아가는 굽이굽이 마다 어려운 일이 그댈 막거나 잡아당길 때 있어도 그대 흔들리는 마음이 가만있지 않을 때 모든 걸 원점의 근원에서 출발하라.

파리약장수

내가 근무하는 예당평야 모퉁이는 밭이 점유한 들판이어서 두엄을 많이 이용하여 콩이랑 보리를 심는 곳이어서 파리가 많다. 가끔 사무실 파리채 잡고 채질하다 가끔 한 마리 파리를 조준하다보면 지금은 사라진 직업군에 속하지만 옛날 파리약장수가 문득 생각난다. 1970년대 초까지만 해도 우리 대한민국의 어느 농촌 할 것 없이 파리와의 전쟁터, 그에 부응하듯 파리약장수라는 직업이 홍행이라고 볼 수는 없으나 존재하고 있었다. 파리약장수 팔짱에 끼고 다니는 가죽 서류가방 같은 곳에 보잘것없는 것들은, 입으로 불어대는 소형 약식 분무기와 살충제 소형 병 몇 개가 전부로 마을을 돌다 희망하는 집에 후후 불어서 파리를 박멸하는 그 파리약장수 할아버지가 그리워진다. 혹여 음식물을 덜 덮고 약 친일 있으면 손수 한 줌 집어 입에 넣고 오물오물 먹어보고 "내가 이렇게 먹어도 괜찮으니, 괜찮다. 괜찮다." 한 그 말은 아직 내겐 유효한데 아마 저승에서는 유효인지 무효인지 영영 알 수 없는 일이지만 가끔 사무실 파리채 잡고 채질하다 가끔 한 마리 파리를 조준하다보면 지금은 세상에서 멀어져 간 파리약장수 할아버지 모습이 자꾸만 생각이 난다.

결혼 축시

허전한 사내란 별 하나와 쓸쓸한 여자란 꽃 한 송이가 마침내 허전함과 쓸쓸함을 덜어줄 온전한 별꽃사랑을 위해 오늘 한 가정을 이루게 되어 정말 너무 해복하고 멋져 보여요.
이제 그대들의 쓸쓸함과 허전한의 외로움은 조금 덜한 참 즐겁고 아름다운 이생에 부부란 인연의 이름을 얻었어요.
결혼은 인생의 빛나는 온전한 사랑을 위한 인내의 시작입니다.
언제나 둘이 서로 마주보며 나란히 함께 걸어가는 길입니다. 이 경건한 축제처럼, 존중과 극진한 예우로 삶을 영위하세요.
그대들에게 정작 전하고 싶은 말은, 늘 서로 예뻐하고 고마워하고, 감사하고 존경하고, 서로 사랑하시오.
수레바퀴가 제 역할 하기위해 마주보며 늘 평행을 유지하고 현악기의 노래가 각기 달라도 현이 나란히 간격을 유지하듯이 각자의 삶을 존중하는 의미는 늘 즐거움을 채워주는 삶의 미학입니다.

그대들 오늘 서로가 사랑해서 결혼하는 것처럼, 가정생활도 끝없는 사랑이 절실히 필요합니다.

젊은 시市 늙은 군郡

이농현상 초고령화 현상으로 도시보다 농촌이 훨씬 더 빨리 늙어지고 있다. 농경시대가 가고 산업화시대도 가버리고 지식정보화시대가 도래한 오늘날 현재의 잣대로 측정해 본다

옛날 새마을 사업 시 사람 사는 냄새가 곳곳에 스민 농촌의 골목이 그립다. 먼 도회지로 나간 자녀들을 그리워하는 어르신들이 점점 늘어나는 군 지역 농촌이다.

문득, 귀촌에 대해 검색해본다. 내가 빌어먹기도 참 많이 빌어먹은 직장 책상머리에서 앉아서 내게 다가 올 시간을 바라보며 작은 오두막 한 채를 그렸다가 지웠다가 깊은 생각에 내가 지금 몰두해 있다. 먼저 퇴임한 동료들의 근황에 물음표가 내 시선에 머물고 있다.

요즘은 분명, 젊은 시市 늙은 군郡이다. 앞으로도 이런 현상의 연속은 오랫동안 진행형이 될 거다.

정지용 생가에서

빈 가슴 찡한 맘 애잔한 그 시대가
역사의 파노라마 끝자락 펄럭이면
눈시울
붉어지는 건
그 시대의 시詩 사랑.

* 정지용 생가(충북 옥천군 옥천읍 소재)

촉석루에서

전쟁 때 지휘한 곳 호국의 제일보루
평상 시 시인묵객 수 없이 머물던 곳
촉석루矗石樓,
진주시 상징
유서 깊은 현판 시詩.

* 촉석루矗石樓(경남 진주시 본성동 소재)

서울역 구역사에서

플렛홈 빠져나와 광장에 발 디디면
기쁨의 앞모습들 슬픔의 뒷모습들
아직도 기억 속에는 피어나는 그리움.

희망찬 미래 속에 부푼 꿈 안고와도
두고 온 얼굴들이 기적汽笛에 목이 메여
와르르 다갈 수 없는 가슴 아픈 사연들.

* 서울역 구역사舊驛舍(서울 중구 봉래동2가 소재)

청백리 박수량 백비 앞에서

조선대 세 명의 청백리 중 박수량에
오늘을 사는 우리 수많은 교훈 얻어.
마음을
비워 버리면
청렴지표 급상승急上昇.

* 청백리 아곡 박수량 백비朴守良 白碑(전남 장선군 황룡면 소재)

천안시인회

유 희

□ 1995년 《심상》 신인상으로 등단
□ 시집 『우체통이 있는 길목에서』
『시간 위에 눕다』
□ 심상시인회, 충남시인협회 회원
□ 전주교대졸업. 한국교원대 대학원 졸업.
□ 위례초등학교 교사
□ yyuhee@hanmail.net

2012

향

다 비워도
지워지지 않는다
잊은 줄 알았는데
자꾸 스며든다
보이지 않는 흔痕
기억 밖의 연緣

마른 바람이 훈훈하다
먼지조차 털어내고 떠날
저승길에도 따라 가려나
먼저 채비하는 기척이 고요하다

지독한 중독의 삶이 끝나야
뼈에 사무치는 향이 다 사라지려나

커피 원두를 갈아서 밀폐통에 담았다. 원두를 다 털어낸 봉지를 탁자 모서리에 모셔두었다. 갓 볶은 원두커피 봉지에서 향기로운 시간이 종일 미소를 짓고 있다.

울음 식사

울음을 삼키는군요
울음은 소리가 없네요
삼킬수록 목이 마르고
참고 있는 눈물이 먹먹하게
소화하지 못할 눈물은 데구르르
자갈로 쌓이고 있군요

어저께
어린 자식을 만나러 학교에 들렀던 엄마 때문입니다. 엄마는 ADHD를 앓는 아들과 새침떼기 딸을 안고 볼이랑 여린 손을 번갈아 어루고 쓰다듬고, 젖내 가시지 않은 아이들의 온기를 저승길까지 사무치게 새겼겠지요. 생사의 면회장이던 포플러 그늘에서 암세포들 지랄도 숙연했겠지요.
오늘
그 엄마는 아들 딸 모습 따듯하게 품고서 아이들의 기억 밖의 먼 길 하늘나라로 떠났답니다. 긴긴날 살아야 하는 어린 남매는 제 두 팔로 다 안지 못하는, 숨을 쉬지 못해서 말 못하고 밥도 먹지 못하는 엄마인형을 만나러 갔습니다.

남매 엄마와 생의
마지막 상담을 하였던
담임선생님은 눈물을 참아내며
울음 식사를 합니다.

그 뜨거운 울음 식사를
함께 나눌 수 없는 점심시간
경건하게 사자밥을 먹었습니다.

꽃 나들이

봄 다 가는 마당에
올망하게 피어 있는
야생화 구경을 했습니다.

꽃밭에
그림자만 드리우고 있으려니
사람이 되고 싶은 바람이
옷깃을 헤치고 들어와
추억과 혼을 훑어 냅니다

뿌리 없는 족속이어서
꽃이 되지 못하는 짐승이니
나 이참에 바람이 되어
꿀 먹은 노랑나비 훨훨 오솔길 날듯
색색 향기 빛나는 꽃마음 들춰보렵니다.

꽃 마음 닮은 사람들
이름 잊고 가뭇한 인연의 시간들
꽃 그림자 아래서 인화 해내듯
꽃무리 틈틈 알 듯 말 듯
따뜻한 기억의 조각들 휘파람 곡조에 담아
하늘 높이 띄워두고 싶습니다.

씨앗
-코스모스

가까이 있어도
마음 설레어 감춰둔 말

꽃송이 피워
보여줄 수 있을까?

꽃을 보는 그대 눈이
꽃말을 기억할까?

뿌리는 깊어지고
껍데기는 단단해지고

철없는 고백
말줄임표만 흔들린다

솟대

청청 하늘에
물수제비 띄우듯
바람을 가르는
영혼의 노래처럼
날랬던 꿈을 내려두고
기나긴 고요에 빠진
새떼들

발자국 묻어두고
날개 흔적 잊고
머리 들고 서서
스치는 바람 끝자락에
솟아 흐르는 높새구름의
꿈을 읽고 있다
눈을 감고

낭만 풍경

바람이 땅거미를 재촉하는 들판
남루한 허수아비처럼
뚝뚝
고개를 떨구는 아, 옛날이여
추억의 늪으로 돌아갈 길이 없다

가랑비 붉어지는 노을 녘
동지섣달 견디어 보내자고 나무들
뿌리에 힘주고 이를 앙다물 듯
나이테에 새기는 아, 옛날이여
단단해지는 껍데기도 붉어진다

산도 들도 속 보이며
인적 가까이 다가오는 가을의 뒤란
허전한 풍경만 매달아 둔 거미줄처럼
몸 안팎으로 번지는 후안무치厚顔無恥의 주름이
가시바람에 흔들리고 얽히고 멀미가 인다

샛강 갈대숲에 날아온 쇠기러기 떼처럼
내려앉은 연민의 설렘인지

짝 잃고 강변을 맴돌다 지친 후두티처럼
내려 앉아 살얼음에 얼어 죽을 낭만의 울렁증인지
훠이훠이 몰아도 날려도 막무가내다

그럴 수 있다면

노을빛 젖은
바람의 노래 따라
엇박자로 흔들리는
폐교 유리창
눈곱처럼 수북하게
팡이꽃 마르고
검붉은 눈시울 같은 그 창에
서리가 맺혀도
닦아줄 손길이 없다

황혼이 어리는
유리심장에
파스텔 빛깔
그림자를 새기고 싶다
낯선 골목길 모퉁이에
몸 숨기고
혼자 좋아서
뒷모습만 바라보던
전율을 새기고 싶다

박제

날개를 펼 수 없다
영혼을 실어간
바람길 잃어버린
부엉이 박제

꼭 한 번
날아야 할 순간을 위해
눈동자 속 꺼지지 않는 불씨
나를 쪼아보고 있다

골목 찾기

골목 어귀는 찾아가는 날이 잦아진다

살다가
작별의 수인사도 없이 잊혀진 인연들이
가랑잎으로 돌아오는 이때 즈음
굴뚝을 빠져나간 구들장 연기 회오리치듯
강기슭으로 돌아오는 연어들
산란과 발정의 순간까지 안간힘으로 죽어가는
장엄한 계절

살다가
죽어 마땅한 사연 없이
살면서
숨바꼭질 하듯 몸 숨길 일 없이
술래가 되어 찾을 이 없이
살아서
석양이 식을 무렵 골목 어귀를 맴돈다
골목 밖으로 쫓겨난 낡은 골목의 미장센을 그린다

물 배급소 집 수도꼭지 앞에서 부터 모퉁이를 돌아 줄을 선
양동이들
기울어진 송판 울타리에 꽃송이 같은 노랑 버섯 무더기
설탕 발라 씹으려고 부뚜막 찬장 턱에 붙여놓은 단물 빠진 껌
마루 대들보 옆에 막걸리 주전자
문턱 좌우로 다듬잇돌과 요강단지
시발택시 기사 흉내하며 돌려대던 축음기 회전판
그을린 종이 장판 자리에 담요로 말아 이불 덮은 양은 밥통
골목 막다른 집 변소 뒷벽 똥바가지 구멍을 빠져나오면
이웃 골목에 직통으로 이어졌던 낡은 골목은
오늘도 행방불명이다

따뜻했던 골목길을 찾지 못한 내가
따뜻한 골목길로 돌아가고 싶은 나에게 자꾸 미안하다
그래서 골목 어귀를 찾아가는 날이 잦다

무위제국에 들다

천안시인회 사화집
제18집 · 2012

펴낸날 / 2012년 12월 15일
펴낸이 / 천안시인회
http://cafe.daum.net/poet041

발행처 / 오늘의문학사
대전광역시 동구 삼성1동 125-6 한밭오피스텔 401호
Tel(042)624-2980 Fax(042)628-2983
등록 / 제55호(1993년 6월 23일)
홈페이지 www.lito77.co.kr
E-mail : hs2980@hanmail.net
ISBN 978-89-5669-534-1

값 8,000원

*이 책은 충청남도 문화예술진흥기금으로부터
제작비 일부를 지원받았습니다.